HILFE

ICH BRAUCHE DRINGEND GELD

Ratgeber für Leute, die knapp bei Kasse sind

Autorin: Kristin de Mar

2. Auflage

Impressum, Herausgeber und Copyright:

INFO-Verlag

Box: 104062

Züricherstrasse 161

8010 Zürich

Schweiz

Kristindemar@ist-einmalig.de

Urheberrecht:

Dieses Buch ist urheberrechtlich geschützt.

Sämtliche Veröffentlichungen, Ausdrucke und Verbreitungen sind nur mit Genehmigung des Verlages oder der Autorin erlaubt.

Korrektorat: Mike Schröder
http://mike-schroeder-korrektorat.jimdo.com/

Inhaltsverzeichnis

Cover

Titelseite

Impressum

Wie gehe ich mit einer finanziellen Krise um?

Wie komme ich zu Geld, ohne Schulden zu machen?

Bauen Sie sich Ihren Notfallgroschen auf

Verabschieden Sie sich von Ihrer Kreditkarte

Wo kann ich einsparen

Schmerzlose Wege, um Geld aufzutreiben

Tägliche Einsparungen

Noch mehr Möglichkeiten, Geld zu sparen

Sparen

Sind Sie bereit für Ihren Sparplan?

Wichtige Tipps, um Ihre Finanzen aufzustocken

Notfallgroschen ansparen, trotz laufender Ausgaben

Einige Tipps für ein leichteres Leben

Verabschieden Sie sich von spontanen Käufen

Sparen Sie bei Ihrem Auto

Einfache Möglichkeiten, Ihr Geld zu managen

Weihnachts- und Urlaubsgeld

Einsparungen bei der Stromrechnung

Wie komme ich zu mehr Gratisgeld?

Haftungsrecht

VORWORT

Mindestens einmal im Leben haben wir alle schon die Erfahrung gemacht, dass uns das Geld ausging. Sicherlich ist es keine angenehme Situation, sich Mitte des Monats Sorgen machen zu müssen, wie man den restlichen Monat finanziell übersteht.

Wir kennen dieses Gefühl, wissen aber, dass am Anfang jedes Monats in der Regel wieder Geld auf unser Konto wandert. Was aber machen wir, wenn wir uns verspekuliert haben oder nicht eingeplante Ausgaben unseren Kontostand reduziert haben?

Wo bekommen wir kurzfristig Geld her?

Oder noch besser, wie stocken wir unseren Kontostand langfristig etwas auf?

In diesem Ratgeber werde ich Ihnen wertvolle Tipps geben, wie Sie kurzfristig und relativ schnell zu Geld kommen, wenn es einmal im Monat etwas knapper wird.

Damit Sie auch in Zukunft ruhig schlafen können und nicht von finanziellen Albträumen geplagt werden, sollten Sie sich diesen Ratgeber zu Herzen nehmen und ihn umsetzen. Einfache und schnelle Aktionen, wie Sie Geld auftreiben, werden Ihnen helfen, in besonders heiklen Situationen gut über die Runden zu kommen.

Es gibt keine magische Formel, wie man reich werden kann, aber es gibt viele kleine Tricks, mit denen man es vermeiden kann, jemals wieder in eine finanzielle Notlage zu geraten.

Schon gespannt? Dann nichts wie los!

KURZBESCHREIBUNG

Dieser Ratgeber soll jedem helfen, der in einer ernsten finanziellen Krise steckt. Er ist kein Wundermittel, der das Blaue vom Himmel verspricht, er ist eine Sammlung vieler Ratschläge, nach denen man sich richten kann, um sich so selbst aus der misslichen Lage zu befreien.

Sie bekommen viele wertvolle Tipps, wie Sie bestimmte Ausgaben vermeiden können, oder wie Sie sich etwas Kleingeld dazu verdienen können. Ich verspreche Ihnen, jeder Suchende wird das Richtige für sich finden.

Es gibt so viele Möglichkeiten, sich Monat für Monat etwas dazu zu verdienen, meistens fehlen einem nur die Ideen. Mit meinen Vorschlägen kann ich Ihnen vielleicht auf die Sprünge helfen. Ausführen müssen Sie Ihren Plan selbst, aber ich stehe Ihnen gerne mit Rat und Tat zur Seite.

Wo kann ich einsparen, wie verdiene ich mir etwas dazu, wie vermeide ich Shopping-Anfälle und vieles mehr wird in diesem Ratgeber durchleuchtet.

Geben Sie sich in Ihrer Situation einige Monate Zeit und Sie werden staunen, wie schnell sich Ihr Geld vermehrt. Ihre finanzielle Notlage wird sich verbessern und ich erkläre Ihnen, wie Sie sich ein finanzielles Polster zulegen.

Wie gehe ich mit einer finanziellen Krise um?

Wenn Sie sich momentan in einer finanziellen Krise befinden und Sie keine Ahnung haben, woher Sie das nötige Geld nehmen sollen, habe ich eine Lösung für Sie parat. Ich werde Ihnen zeigen, wie sie es schaffen, bis zum nächsten Monatsanfang über die Runden zu kommen.

Ganz unerwartet ist Ihr Dach undicht geworden, Ihr Wasserhahn in der Küche tropft, die Waschmaschine hat ihren Geist aufgegeben, die Medikamentenrechnung übersteigt Ihre finanziellen Mittel, das Auto hat eine unerwartete Schramme und Ihr Sohn entscheidet sich, seine Hochzeit auf den Malediven zu feiern. Das alles in einer Woche!

Viele Dinge treten oftmals völlig unerwartet ein und bringen unseren sonst so gut geplanten Haushaltsplan gewaltig ins Schwanken.

Geldknappheit ist eine absolut schreckliche Angelegenheit, bei der es vielen Menschen den Schweiß auf die Stirn treibt. Alles hängt davon ab, ob wir mit unseren gegebenen finanziellen Mitteln Monat für Monat über die Runden kommen. Der eine hat mehr, der andere hat weniger Geld zur Verfügung, aber wohl in unserer Haut fühlen wir uns erst dann, wenn wir wissen, dass bis zum nächsten Gehaltsscheck keine größeren Missstände auf unserem Bankkonto zu verzeichnen sind.

Sollte das trotzdem passieren, sind schlaflose Nächte keine Seltenheit, und die wollen wir unter allen Umständen ab heute vermeiden. Zum Glück haben wir immer noch die Möglichkeit, mit kleinen Tricks den nächsten Monatsersten unbeschadet zu erreichen und für die Zukunft werden wir vorsorgen, damit wir nie wieder in eine so brenzlige Situation kommen.

So, wie gehen wir weiter vor? Das Problem der Geldknappheit besteht ja wirklich und es wird sich auch nicht in Luft auflösen. Es hilft auch nicht, in Panik zu verfallen oder verzweifelt zu sein, denn all diese Gemütszustände hindern uns am klaren Denken. Sie sind auf sich gestellt, es wird Ihnen niemand dabei helfen, aus diesem Zustand herauszukommen. Sie haben nur sich selbst.

Je mehr Sie in Panik geraten, desto weniger werden Sie eine Lösung für Ihr Problem finden. Sie müssen sich zusammenreißen und einen kühlen Kopf bewahren, denn nur so können Sie einen Weg aus Ihrer Katastrophe finden.

Sich zu beruhigen ist der erste Schritt, um einen Ausweg zu finden.

Zu Beginn ist es wichtig, nichts zu überstürzen. In der Hitze des Gefechts werden viele falsche Entscheidungen getroffen, die später nicht mehr korrigiert werden können.

Sie müssen als Allererstes Ihre Gefühle und Emotionen in den Griff bekommen. Sie sollten unbedingt zur Ruhe kommen, bevor Sie einen Plan für Ihr Problem ausarbeiten.

Sollte Ihr Geldproblem akut sein und Sie können keinen Aufschub für die Bezahlung bekommen, fragen Sie ein Familienmitglied um vorübergehende Hilfe. Sie werden das Geld zurückzahlen, sobald Sie Ihren Plan erfolgreich durchgeführt haben. Doch manchmal brauchen Sie für die Umsetzung etwas Zeit. Das Leihen schafft Ihnen etwas Luft und Ruhe, um das benötigte Geld aufzutreiben.

Zu Beginn sollten Sie sich den Schaden unbedingt etwas genauer anschauen. Wie viel Geld müssen Sie für den kommenden Monat zusätzlich einnehmen, um Ihre Probleme auch längerfristig auf die Reihe zu bekommen? Wie viel Geld haben Sie derzeit zur Verfügung und wie viel Geld brauchen Sie, damit Sie auch in Zukunft ruhig schlafen können?

Machen Sie einen genauen Plan über Ihre finanzielle Lage, damit Sie auf alles vorbereitet sind, was noch kommen könnte.

Lassen Sie die Kreditkarte außen vor. Sie ist meistens keine Lösung, denn auch diese Forderungen müssen irgendwann beglichen werden. Wenn Sie das Geld heute nicht haben, werden Sie es später auch nicht haben.

Wir wollen ja einen zukunftsorientierten Finanzplan ausarbeiten, der Sie auf Dauer gut über die finanziellen Engpässe bringt.

Wie komme ich zu Geld, ohne Schulden zu machen?

Überlegen Sie einmal, was Sie alles können, was für Talente in Ihnen schlummern. Was können Sie anbieten, um anderen behilflich zu sein?

– Haben Sie ein Hobby, das Sie zu Geld machen könnten?

– Könnten Sie den Hund des Nachbarn ausführen?

– Könnten Sie für die Nachbarin einkaufen gehen?

– Eventuell babysitten?

– Beherrschen Sie Computerarbeiten, die andere nicht schaffen?

– Kommt ein Teilzeitjob in Frage?

– Sparen Sie bei Geschenken! Kleinvieh macht auch Mist, heißt es. Sparen Sie irgendetwas ein, was Sie nicht vermissen. Irgendeine kleine tägliche Ausgabe, und sei es nur der Kaffee auswärts, der täglich anfällt.

Sie können natürlich zu Hause sitzen und sich die Augen ausheulen über Ihre schlimme finanzielle Situation, aber es wird Ihnen nicht weiterhelfen. Also legen Sie los und versuchen Sie, Ihre Situation zu verbessern.

Überlegen Sie genau, warum Sie in diese missliche Lage gekommen sind, warum Ihr Geld so dermaßen knapp wurde und Sie nun nicht mehr zahlungsfähig sind.

Hinterfragen Sie sich selbst, suchen Sie die Fehler, die Ihnen unterlaufen sind, damit Sie sie nicht wieder begehen.

Erstellen Sie Listen mit Einnahmen und Ausgaben. Notfallgroschen sollten Notfallgroschen bleiben. Dieses Geld ist nicht für die Erfüllung von Wünschen und für Dinge, die niemand braucht, gedacht.

Planen Sie einige Monate voraus. Verschaffen Sie sich einen Überblick darüber, welche zusätzliche Kosten in den nächsten Monaten auf Sie zukommen werden. Sie müssen einen Überblick haben, wie viele Gebrauchsgegenstände in nächster Zeit ersetzt werden müssen, was eventuell kaputt gehen könnte oder was in nächster Zeit angeschafft werden sollte.

Lassen Sie nicht die nächste Katastrophe über sich hereinbrechen, versuchen Sie, sie schon im Voraus zu erkennen. Nur so können Sie bis ins kleinste Detail berechnen, wie viel Geld Sie zusätzlich einnehmen müssen, um gut über die Runden zu kommen.

Bauen Sie sich Ihren Notfallgroschen auf

Wenn Sie sich im Ernstfall erst Gedanken machen müssen, woher Sie das Geld nehmen sollen, ist es relativ schwierig, eine halbwegs vernünftige Lösung zu finden.

Es kann durchaus öfters einmal vorkommen, dass Sie ganz schnell eine Summe Geld benötigen, die Sie aufgrund Ihrer zu geringen monatlichen Einkünfte nicht so ohne Weiteres aufbringen können.

Deshalb ist es ratsam, sich ein kleines Geldpolster anzulegen.

In der Regel, je nach Einkommen, sollten Sie sich eine Summe von drei- bis sechsmal so viel, wie Sie monatlich verdienen, zur Seite legen. Dann können Sie dieses Geld in einem Notfall jederzeit heranziehen und kommen nicht mehr in Bedrängnis.

Wenn Sie bis jetzt kein Polster haben, fangen Sie langsam an, dieses aufzubauen. Es wird Ihnen nicht von heute auf morgen gelingen, bei kleinem Einkommen die Summe binnen ein oder zwei Monaten zusammenzusparen. Das benötigt etwas Zeit, aber Sie haben ja Zeit. Legen Sie einfach so viel Geld zur Seite, wie es Ihnen möglich ist. Jeder Euro zählt!

Legen Sie das Geld auf ein extra Konto oder in eine kleine Handkasse, ganz egal. Hauptsache Sie legen jeden Monat etwas zur Seite.

Es wird anfangs nicht einfach sein, noch zusätzlich Geld zu sparen, aber Monat für Monat wird Ihr Angespartes mehr und Sie werden mit kleinen Summen relativ bald ein schönes Polster zusammenhaben.

Suchen Sie sich einfach etwas aus, auf das Sie verzichten können. Irgendeine kleine Ausgabe, die Sie nicht unbedingt machen müssen. Legen Sie genau diese Summe dann zur Seite. Wenn Sie sich eine kleine Zusatzarbeit suchen, die Sie nebenbei tätigen, geht es natürlich noch schneller.

Sie können auch eine kleine Summe, von der Sie wissen, dass Sie sie nicht benötigen, auf ein separates Konto überweisen. So haben Sie zwar etwas weniger Geld zur Verfügung, kommen aber nicht in Versuchung, das Geld schon gleich wieder auszugeben. Es gibt viele Möglichkeiten, suchen Sie sich eine aus, die zu Ihnen und Ihren Gegebenheiten passt.

Lassen Sie sich nicht verführen! Die angesparte Summe kann verlockend werden. Dieses Geld ist nicht zur Erfüllung von Wünschen oder für Schlussverkäufe gedacht. Dieses Geld ist ein Notfallgroschen und als solcher wird es auch behandelt. Sperren Sie das Geld weg und werfen Sie den Schlüssel zum Fenster raus (nur im übertragenem Sinn natürlich).

Verabschieden Sie sich von Ihrer Kreditkarte

Bevor Sie damit beginnen, Ihr Notfallgroschenprogramm zu starten, sollte Ihnen eines klar sein:

Hände weg von der Kreditkarte!

Von heute an, oder zumindest bis zu dem Zeitpunkt, an dem Sie Ihren Notgroschen zusammengespart haben, gibt es keine Benutzung der Kreditkarte mehr.

Die Kreditkarte verleitet nur zu wahllosen, unüberlegten Käufen. Mit der Kreditkarte gibt man relativ leicht Geld aus und man hat immer im Hinterkopf, dass man ja sowieso erst viel später die Rechnung zahlen muss.

Es wird Ihnen viel leichter fallen, wenn Sie eine genaue Übersicht über Ihr Geld haben. So fallen spontane Käufe aus. Schließlich haben Sie einen Plan, und den sollten Sie niemals aus den Augen verlieren:

Sie sparen sich einen Notgroschen an!

Wo kann ich einsparen?

1. Kramen Sie Ihre Versicherungen heraus und vergleichen Sie diese mit aktuellen Angeboten. Man macht meistens den Fehler, alte Versicherungen einfach laufen zu lassen, ohne sich darüber zu informieren, ob sich die Konditionen bei anderen Versicherungen verbessert haben.

2. Wenn Sie in einer Gegend wohnen, die zentral gelegen ist, können Sie vielleicht ganz auf das Auto oder den Zweitwagen verzichten. Benutzen Sie öffentliche Verkehrsmittel, wenn es Ihnen möglich ist.

3. Achten Sie auf Ihr Auto. Pflegen und hegen Sie es. Lassen Sie keinen Servicetermin ausfallen, achten Sie auf Kleinigkeiten, denn größere Reparaturen gehen ins Geld. Und Sie müssen nicht alle drei Jahre ein neues Auto fahren, wenn es finanziell eng wird.

4. Wenn Sie Hausbesitzer sind, checken Sie Ihr Haus regelmäßig auf kleine Schäden. Das Gleiche gilt für Anschaffungen in der Wohnung, achten Sie auf kleine Schäden, die noch reparabel sind. Neuanschaffungen sind meistens teuer.

5. Kündigen Sie Zeitungs- und Zeitschriftenabonnements, die Sie nicht mehr lesen. Meistens treffen pro Woche oder Monat mehrere Zeitungen und Zeitschriften bei Ihnen zu Hause ein. Lesen Sie sie wirklich alle? Melden Sie die Zeitungen und Magazine, die Sie nicht mehr unbedingt brauchen, ab. Auch hier kommen oft kleine Summen zusammen, die Sie stattdessen auf Ihr Sparkonto einzahlen können.

6. Essen Sie weniger oft auswärts, denn das geht schnell ins Geld, zumindest wenn Sie es öfters machen. Verwerten Sie Reste vom Vortag, so haben Sie eine billige Mahlzeit und Sie

müssen nichts wegwerfen. Sie können ganz schön kreativ werden. Sie werden staunen!

7. Sparen Sie bei den Kindern. Sinnlose Ausgaben, die Ihre Kinder nicht wirklich brauchen, können ab heute gestrichen werden.

8. Verwöhnen Sie Ihr Kind ruhig, aber kaufen Sie kein unnützes Zeug, welches Ihr Kind nach kurzer Zeit nicht einmal mehr ansieht. Erklären Sie Ihrem Kind, dass jedes Mitglied der Familie beim Sparen mitmachen sollte. So lernt Ihr Kind schon rechtzeitig, dass Geld nicht sorglos ausgegeben werden soll.

9. Sparen Sie beim Einkaufen. Im täglichen Leben werden Sie viele Produkte in den Supermärkten finden, die zwar unterschiedlich aussehen oder von verschiedenen Firmen produziert wurden, jedoch die gleichen Inhaltsstoffe haben. Eigenmarken sind meist billiger, haben aber dieselbe Qualität wie teure Markenprodukte.

10. Achten Sie auf alte Geräte. Uralte Kühlschränke oder Backöfen verbrauchen Unmengen an Strom. Langfristig zahlt sich hier ein Austausch aus, die Stromrechnung wird es Ihnen danken.

11. Schalten Sie alle Geräte aus, die Sie im Moment nicht brauchen. Vor dem Zubettgehen schalten Sie alle Geräte komplett aus. Stand-by-Schaltungen kosten jede Menge Strom. Zwar macht es sich nicht sofort bemerkbar, jedoch bei der Jahresstromabrechnung wird ein Erfolg sichtbar sein.

12. Energiesparlampen und Akkubatterien sind zwar in der Anschaffung etwas teurer, halten aber umso länger und sind somit eine weitere Einsparmöglichkeit.

13. Lüften Sie immer stoßweise. Stundenlanges Kippen der Fenster frisst nur Unmengen Strom oder kurbelt die Heizung unnötig an. Beides kostet Geld und hilft Ihnen nicht dabei, Einsparungen vorzunehmen.

14. Verkaufen Sie alte Dinge, die Sie nicht mehr brauchen, im Internet. Auf Ebay oder ähnlichen Portalen können Sie alles anbieten, was Sie zu Hause nicht mehr benötigen.

15. Vor Neuanschaffungen machen Sie sich zuerst im Internet schlau. Vergleichen Sie die Preise der Produkte im Internet mit den Preisen des Händlers Ihres Vertrauens. Auch hier können Sie mächtig einsparen.

Schmerzlose Wege, um Geld aufzutreiben

Was haben wir inzwischen gelernt?

Dass es enorm wichtig ist, etwas Extrageld zu haben. Jeden Tag können irgendwelche unvorhergesehene Katastrophen eintreten.

Für einen solchen Fall müssen wir uns rüsten, damit wir nie wieder in eine heikle und brenzlige Situation geraten. Deshalb werden wir Vorkehrungen treffen und uns einen guten Plan überlegen.

Besorgen Sie sich eine Handkasse oder einen Kleingeldzähler und werfen Sie jeden Tag das lästige Kleingeld, das Sie in der Geldbörse mit sich herumtragen, dort hinein. Sie werden staunen, wie viel Geld so zusammenkommt. Anstatt das Kleingeld auszugeben, sammeln Sie es für Ihren Notfallgroschen.

Sparen Sie beim Trinkgeld. Jedes Mal, wenn Sie auswärts essen gehen, halten Sie sich beim Trinkgeldgeben zurück. Zwar sind wir es gewohnt, großzügig Trinkgeld zu geben, aber in diesem Fall geht unser Plan vor.

Sollten Sie eine Lohnerhöhung oder selbst Trinkgeld erhalten, geben Sie es nicht aus. Fügen Sie es zu dem Notgroschen hinzu, so wird Ihr Plan gut funktionieren und die Summe auf Ihrem Konto schnell wachsen.

Machen Sie eine Geschenkebox. Oder legen Sie zumindest Geld für die im Monat anfallenden Geschenke am Monatsbeginn zur Seite. So wird es Ihnen gar nicht schwerfallen, die Geburtstags- und Essenseinladungsmitbringsel zu finanzieren.

Besorgen Sie sich eine Rabattkarte Ihres Supermarktes. Fast jede größere Handelskette arbeitet mit Bonuspunkten und

Rabattpunkten. Sie werden staunen, wie viel Geld Sie in einem Monat so sparen. Kleinvieh macht auch Mist, heißt es in einem Sprichwort.

Haben Sie Ihre Steuererklärung schon abgegeben? Wenn nicht, sollten Sie das sofort machen. Das ist wirklich Geld, welches Sie auf keinen Fall verschenken sollten. Außerdem wird es Ihr Notfallkonto enorm aufbessern. Sicherlich könnten Sie dieses Geld für viele schöne Dinge ausgeben, aber Sie haben einen Plan und an dem halten Sie fest.

Richten Sie sich eine Haushaltskasse ein. Berechnen Sie Ihr monatliches Pensum für Lebensmittel und alles, was am Monatsende übrig bleibt, kommt wieder zu dem Notfallgroschen.

Belohnen Sie sich. Jedes Mal wenn Sie etwas geleistet haben, wie zum Beispiel, wenn Sie abgenommen haben oder besonders fleißig waren, werfen Sie etwas Geld in die Sparbox. Auch so wird etwas Geld zusammenkommen und es wird Ihnen nirgends fehlen.

Not macht erfinderisch. Ihnen werden sicherlich noch einige weitere Ideen einfallen, wie Sie Ihr Konto aufbessern können.

Tägliche Einsparungen

Wenn Sie darüber nachdenken, werden Ihnen viele Dinge einfallen, um Geld zu sparen. Vor allem im täglichen Leben werden sich viele Möglichkeiten ergeben, um Ihre Portokasse aufzubessern.

1. Versuchen Sie in jedem Monat, weniger Geld auszugeben, als Sie verdienen.

2. Suchen Sie sich einen besseren Job.

3. Suchen Sie sich Ihre Bewerbungsunterlagen zusammen und halten Sie Ihren Lebenslauf und alle Zeugnisse immer griffbereit. Sollte sich eine Job-Möglichkeit ergeben, sollten Sie der erste Bewerber sein.

4. Fahren Sie Ihren Lebensstil etwas herunter und geben Sie generell weniger aus.

5. Vermeiden Sie, auch weiterhin Kreditkarten zu benutzen.

6. Versuchen Sie, jeder Versuchung aus dem Weg zu gehen. Sagen sie „Nein" zu Anschaffungen, die nicht wirklich nötig sind.

7. Verringern Sie, wenn möglich, Ihre Ratenzahlungen, sollten Sie welche am Laufen haben.

8. Nutzen Sie Billigangebote. Kaufen Sie zwei Produkte zum Preis von einem.

9. Kaufen Sie aber wiederum nichts, was gerade billig ist, wenn Sie es gar nicht brauchen.

10. Vermeiden Sie es, Markenprodukte zu kaufen.

11. Essen Sie zu Hause.

12. Sollten Sie auswärts essen gehen, essen Sie zum Angebotspreis. Viele Restaurants bieten Tagesgerichte oder abends spezielle Angebote an, bevor Sie den Laden schließen.

13. Kaufen Sie Zeitungen im Angebot. Viele Magazine gibt es, wenn Sie älter als eine Woche sind, zum Schnäppchenpreis. Sie können so bis zu 50 % des Einkaufspreises sparen, wenn Sie die Zeitung erst ein oder zwei Wochen später lesen (nur bei ausgewählten Firmen erhältlich, z. B. Lesezirkel).

14. Geben Sie niemals Geld aus, nur weil Sie es gerade in der Brieftasche mit sich herumtragen.

15. Beschäftigen Sie sich, so werden Sie weniger Zeit und Lust zum Shoppen haben. Suchen Sie sich ein Hobby, welches Sie zu Hause ausüben können.

16. Sollten Sie rauchen, beenden Sie es. Erstens schädigt es Ihre Gesundheit und zweitens werden Sie nicht glauben, wie viel Geld Sie dadurch sparen können.

17. Sollten Sie übergewichtig sein, starten Sie eine Diät. Klingt blöd, aber auch das spart Geld.

18. Suchen Sie sich eine Zweitbeschäftigung. Vielleicht gibt es etwas, das Sie interessiert und wobei Sie auch noch Geld verdienen können.

19. Vergleichen Sie sich niemals mit Nachbarn und Freunden. Sie sind Sie, und ganz egal was andere Personen treiben, richten Sie den Blick auf Ihr Leben.

20. Vergleichen Sie Telefon- und Internetanbieter, auch hier kann man viel einsparen.

21. Und vor allem: Starten Sie heute!

Geben Sie niemals auf. Es wird sich lohnen! Nach einer etwas härteren Zeit werden Sie dafür beruhigt schlafen können.

Noch mehr Möglichkeiten, Geld zu sparen

1. Versuchen Sie, beim Einkauf von Kleidung Geld zu sparen. Kaufen Sie Schnäppchen ein oder kaufen Sie Secondhandware. Hier können Sie einiges an Geld sparen. Kaufen Sie nur Ware, die Sie wirklich benötigen. Während der Zeit des Ansparens wird nicht nach Lust und Laune geshoppt!

2. Bezahlen Sie Ihre Rechnungen online. Onlinebanking spart Geld und funktioniert einfach. Zahlscheine kosten Geld, welches Sie schon wieder sparen können.

3. Lassen Sie Ihre Kinder mit dem Bus zur Schule fahren. Unnötige Autofahrten, manchmal sogar mehrmals am Tag, kosten unnötigen Sprit.

4. Sollte Ihre Wohnzimmercouch Gebrauchsspuren zeigen, müssen Sie nicht sofort eine neue kaufen. Überziehen Sie sie mit schönen Decken und sie wird wieder wie neu aussehen.

5. Nehmen Sie die Zwischenmahlzeit oder das Mittagessen von zu Hause mit. Teures Essengehen fällt in nächster Zeit aus!

6. Kaufen Sie Ihre Kosmetik- und Pflegeartikel im Sonderangebot. Gerade bei diesen Produkten gibt es beinahe jede Woche neue Angebote, von denen Sie profitieren können. Sie können die Artikel aber auch über das Internet bestellen. Auf Amazon oder bei anderen Onlinehändlern können Sie Großpackungen relativ günstig erwerben.

7. Wenn Sie gerne lesen, leihen Sie sich Bücher aus, kaufen Sie billigere Kindlebücher oder leihen Sie Onlinebücher in Onlinebibliotheken aus.

8. Versuchen Sie, auch beim Haarewaschen Geld zu sparen. Durch das Verlängern der Abstände zwischen den Haarwäschen werden Sie weniger Shampoo benötigen. Mit der Zeit gewöhnt

sich Ihre Kopfhaut daran. So müssen Sie Ihre Haare seltener waschen und als positiver Nebeneffekt sparen Sie auch noch Geld dabei.

9. Kaufen Sie keine Limonaden. Wasser ist das billigste und gesündeste Getränk überhaupt. Sparen Sie Ihr Geld für andere Dinge.

10. Essen Sie gesunde Lebensmittel, um gesund zu bleiben und keine unnötigen Arztkosten herbeizubeschwören.

11. Putzen Sie regelmäßig Ihre Zähne. Zahnarztrechnungen sind extrem teuer und schneiden ein großes Loch in Ihr Budget.

12. Bei der Maniküre können Sie ebenfalls Geld einsparen. Pflegen Sie Ihre Nägel selbst. Fast jede Frau hat Talent, sich ihre Nägel selbst zu richten.

13. Verlängern Sie die Abstände zwischen Ihren Friseurbesuchen. Sollten Sie Ihre Haare färben, können Sie den Ansatz Ihrer Haare ganz leicht selbst färben und somit den Friseurbesuch etwas hinauszögern. Ansatzfärbemittel erhalten Sie in jeder Drogerie.

14. Kaufen Sie unbedingt No-Name-Kosmetikprodukte. Teure Markenprodukte sind in dieser Zeit für Sie tabu.

15. Tauschen Sie Kinderkleidung, sollte diese zu klein werden. Kinderkleidung wird meistens nicht aufgetragen und eignet sich sehr gut dazu, um weiterverkauft oder getauscht zu werden.

16. Regulieren Sie Ihre Heizung. Meistens wird zu viel geheizt. Wenn Sie die Heizung um ein oder zwei Grad zurückdrehen, werden Sie es nicht einmal merken. Bei der Heizkostenabrechnung hingegen schon.

17. Kaufen Sie nicht bei jedem Einkauf Plastiktüten. Nehmen Sie Tüten, oder besser noch Einkaufstaschen oder Jutebeutel, von zu Hause mit und verwenden Sie die Plastiktüten als Müllbeutel.

18. Eigentlich ist es nicht üblich, Geschenke zu verschenken, aber sollten Sie wirklich ein Geschenk bekommen haben, welches Sie absolut nicht gebrauchen können, verschenken Sie es. Somit ersparen Sie sich ein Mitbringsel.

19. Bevor Sie die neuesten Filme teuer kaufen, leihen Sie die Filme bei Freunden aus. Man sieht die meisten Filme nur ein einziges Mal und so ersparen Sie sich Platz und Geld.

20. Legen Sie einen kleinen Garten an. Sollten Sie ein Haus besitzen, nutzen Sie eine freie Fläche und bauen Sie Ihr eigenes Gemüse und Ihre eigenen Kräuter an. Sollten Sie nur einen Balkon Ihr Eigen nennen, setzen Sie Kräuter und kleinere Gemüsesorten in Blumenkästen an. So sparen Sie schon wieder etwas.

21. Bestellen Sie Ihre Tageszeitung ab, viele Tageszeitungen können Sie kostenlos online lesen.

22. Schreiben Sie E-Mails. Zu Weihnachten, zu Geburtstagen, sogar Einladungen können Sie ohne Weiteres per E-Mail verschicken. Dies spart Papier sowie teures Porto und es geht um einiges schneller.

23. Benutzen Sie Ihr Fahrrad. Kürzere Wege können Sie mit dem Fahrrad zurücklegen. Dies spart wiederum Benzin und eventuell anfallende Parkgebühren.

24. Es muss nicht jeden Tag teures Fleisch auf den Tisch kommen. Sie können so viele leckere Rezepte auch ohne Fleisch zaubern.

25. Laden Sie Ihre Waschmaschine oder Ihren Geschirrspüler immer voll. Halb leere Reinigungen kosten genauso viel wie volle, nur, sie verschlingen mehr Geld.

26. Sollten Sie über das Wochenende wegfahren, schalten Sie alle Geräte aus. Stecken Sie die Geräte aus oder schalten Sie sie zumindest ab. Der Stand-by-Modus ist ein Stromfresser.

27. Werfen Sie alle Prospekte gleich in den Müll. Sie sollten sich die Angebote erst gar nicht ansehen. Wer will schon sehen, was er momentan nicht haben kann?

28. Planen Sie Ihre Speisen wochenweise. Erstellen Sie einen Plan und überlegen Sie sich, welche Gerichte Sie kochen wollen. Somit können Sie präzise einkaufen und müssen keine Lebensmittel wegwerfen.

Sparen

Das Wort sparen hinterlässt einen unangenehmen Geschmack auf unserer Zunge. Es ist mit Entbehrung und Leidensdruck verbunden. Zumindest wenn uns bewusst wird, dass wir zu wenig gespart haben oder sowieso zu wenig Geld auf der hohen Kante haben.

Eine Studie hat ergeben, dass es ganz egal ist, wie viel jemand verdient, es hat keine Auswirkung darauf, wie viel er spart. Es hat nur mit der Konsequenz zu tun. Mit dem Willen, sich ein Polster zu schaffen, das einen aus einer brenzligen Situation rettet.

Es gibt nur ein Wort und das heißt SPAREN.

Wenn Sie dieses Wort hören, haben Sie dann ein schlechtes Gewissen?

Vermutlich haben Sie eines, weil Sie genau wissen, wie zumindest 75 % aller Menschen laut Studie, dass Sie zu inkonsequent sparen. Die meisten nehmen das ersparte Geld wieder her und kaufen sich Dinge zum Vergnügen. Sollte eine brenzlige Situation auftreten, ist das Polster aufgebraucht.

Es wurde nachgewiesen, dass Menschen mit höherem Einkommen weniger sparen als Menschen mit weniger hohem Einkommen. Man kann sich eigentlich gar nicht vorstellen, dass reiche Leute weniger Erspartes haben als nicht so reiche. Sie führen einen anderen Lebensstil und nutzen Ihr höheres Einkommen, um diesen Lebensstil zu finanzieren. Wir sprechen hier natürlich nicht von richtig reichen Personen. Es geht nur um das monatliche Einkommen.

Also man muss nur konsequent sparen. 10% des Einkommens sollten es auf alle Fälle sein.

Sind Sie bereit für Ihren Sparplan?

Sie sind bereit und wissen trotzdem nicht, woher Sie das benötigte Geld nehmen sollen?

Sie leben schon am Limit und kommen gerade einmal so über die Runden?

Zu Beginn des Planes müssen Sie umdenken. Sie müssen die richtige Einstellung zu Ihrem Geld bekommen.

Der erste Schritt: Überlegen Sie Ihre Einstellung zum Geld.

Geld zu sparen ist eine Kopfsache. Sie müssen sich dessen bewusst sein, dass es nicht immer einfach sein wird. Die Versuchung, das Geld wieder auszugeben, ist immer da. Dieser Versuchung müssen Sie widerstehen. Es dauert eine Zeit, bis sich Ihr Denken verändert hat.

Sagen Sie Nein zu all den Dingen, die Sie in Versuchung führen. Überlegen Sie nicht ständig, was Ihnen entgeht, sondern versuchen Sie, die Dinge anders zu sehen. Sie sparen Ihr Geld, um es für etwas auszugeben, das Sie wirklich brauchen. Überlegen Sie immer zweimal, ob Sie etwas brauchen oder nicht. Kaufen Sie es erst am nächsten Tag. So haben Sie die Zeit, sich zu überlegen, ob der Kauf nötig ist oder ob er nur aus einer Laune herausgetätigt wird.

Informieren Sie sich im Internet. Noch nie war es so einfach, sich schnell Informationen zu besorgen. Es gibt so viele Informationen bezüglich Geld einsparen, besorgen Sie sich diese. Informieren Sie sich und tauschen Sie sich mit anderen aus. Sie werden merken, es geht vielen Personen genauso wie Ihnen.

Machen Sie aus Ihrer bisherigen Einkaufszeit eine Beschäftigungszeit. Unternehmen Sie Dinge gemeinsam, die nichts mit Geld ausgeben zu tun haben. Schwingen Sie sich aufs Rad oder machen Sie Spaziergänge. Es funktioniert. Sträuben Sie sich gegen Einkaufsanfälle.

Der zweite Schritt: Zeit zum Sparen.

Denken Sie nicht zu viel über das Sparen nach. Machen Sie es einfach! Sie bestrafen sich nicht damit, Sie helfen sich selbst. Am Ende kommt etwas Schönes dabei raus, Sie haben ein Polster, auf das Sie jederzeit zurückgreifen können.

10 % von 1.000,- Euro sind 100,- Euro.

Monat für Monat sind es in einem Jahr 1.200,- Euro. Kleine Summen, aber Sie werden diese kleinen Summen lieben, sollten Sie sie haben.

Vergleichen Sie jedes Hotel oder jedes Urlaubsangebot ganz genau. Es ist bekannt, dass verschiedene Plattformen für ein und dasselbe Hotel unterschiedliche Preise anbietet. Dies ändert sich ständig und nur weil es einmal billiger war, heißt es nicht, dass es dort immer billig bleibt. Seien Sie auf der Hut und vergleichen Sie ganz genau, so können Sie viel Geld einsparen.

Schmeißen Sie alle Kataloge weg. Sie brauchen sie nicht. Wer will sich schon ansehen, was es alles zu kaufen gibt, wenn einkaufen in nächster Zeit verboten ist?

Waschen Sie Ihre Wäsche selbst. Heutzutage ist es in der Modebranche üblich, „dry clean only" drauf zu schreiben. All diese Dinge wasche ich selbst. Es gab bis jetzt noch nie ein Problem. Das sind alles nur Vorsichtsmaßnahmen der Hersteller, Sie müssen diese Kleidungsstücke nicht in die Reinigung bringen.

Sparen Sie bei den Haustieren. Braucht Ihre Katze die Katzenkekse? Braucht Ihr Hund wirklich die Knabberknochen?

Sehen Sie, schon wieder einige Anregungen zum Sparen!

Wichtige Tipps, um Ihre Finanzen aufzustocken

Geldspartipp 1

Einstein hat gesagt: Man muss ein Genie sein, um die Dinge klar zu sehen.

Diese Worte werden uns heute begleiten. Was er damit meinte? Er meinte, dass die einfachen Dinge im Leben die wirkungsvollsten sind, wir sie aber nicht immer erkennen, weil wir viel zu weit in die Ferne schweifen. Wir bevorzugen, sie zu ignorieren, anstatt sie für uns arbeiten zu lassen.

Eine der wirkungsvollsten Hilfen ist, sich alles aufzuschreiben. Schreiben Sie Ihr tägliches Tagebuch über Ihre Ausgaben. Tragen Sie es immer bei sich, damit Sie jeden Euro eintragen können, den Sie im Laufe des Tages ausgeben. So haben Sie immer eine exakte Summe, an der Sie sich orientieren können.

Sie werden bemerken, dass sich Ihr Verhalten bezüglich des Ausgebens Ihres Geldes verändern wird. Es wird irgendetwas Magisches mit Ihnen passieren. Es ist sehr hilfreich, aufzuschreiben, was Sie Woche für Woche ausgeben. Es macht Ihnen jeden Tag klar, wo Ihr Geld hinkommt und was Sie damit kaufen. Kleine Ausgaben werden schnell vergessen, aber in der Summe kommt ganz schön viel zusammen.

Sie werden festhalten, welche Summen Sie für welche Dinge ausgeben. Man vergisst schnell, wo das Geld hingeht, und Sie werden erstaunt sein, wie viel Geld Sie für Dinge ausgeben, die Sie nicht wirklich brauchen.

Geldspartipp 2

Hören Sie auf, Schulden zu machen!

Es bringt Sie nicht weiter und sabotiert Ihren Plan, Ihre Finanzen in den Griff zu bekommen. Kreditkarten zu benutzen mag ja modern sein, aber sie sind verführerisch. Sollten Sie diese Art der Schuldenmacherei nicht in den Griff bekommen, werden Sie es nie schaffen, Geld zu sparen. Mit der Kreditkarte zu bezahlen, hat für uns Menschen einen psychologischen Effekt. Es ist verlockend, sich Dinge leisten zu können, die erst Wochen später bezahlt werden müssen. Doch Vorsicht! Wenn Sie die Ausgabesummen nicht exakt im Kopf haben, sollten Sie diese Art und Weise der Geldausgabe vermeiden.

Sollten Sie zu diesen Personen gehören, zerschneiden Sie die Kreditkarten, Sie werden Sie nicht so bald wieder brauchen.

Geldspartipp 3

Verkaufen Sie Ihr altes Zeug!

Sie haben richtig gelesen: Es wird Zeit, Ihr altes Zeug auszuräumen und loszuwerden. Überlegen Sie sich, was Sie alles nicht mehr brauchen und versuchen Sie, es zu verkaufen.

Durchforsten Sie Ihr Haus oder Ihre Wohnung und sortieren Sie alles aus, was Sie nicht mehr brauchen. Sie werden erstaunt sein, wie viele Dinge sich im Laufe der Zeit angesammelt haben. Machen Sie einen Gassen- oder Hofverkauf oder stellen Sie die Dinge ins Internet. Sie können auch auf den Flohmarkt gehen und Ihre Dinge dort vertreiben. Es wird jede Menge Geld für Sie dabei rausspringen.

Geldspartipp 4

Jeder Cent, den Sie nicht ausgegeben haben, ist ein gesparter Cent.

Dieses Sprichwort hat es in sich. Wir wissen ja aus Erfahrung, dass es viel einfacher ist, Geld auszugeben, als Geld einzunehmen. Deshalb ist es enorm wichtig für Ihre Zukunft, sich einen Notfallgroschen zurückzulegen, um ein ruhiges Leben führen zu können.

Sie werden entspannter dem Monatsende entgegenschauen, wenn Sie ein kleines Polster im Rücken haben. Ab heute sollten Sie niemals mehr in eine brenzlige Geldsituation kommen und deshalb ist es so wichtig, diesen Plan exakt zu befolgen, bis Sie Ihr Ziel erreicht haben.

Denken Sie immer positiv. Positives Denken hat eine enorme Kraft und wird Ihr Handeln und Tun beeinflussen. Es ist erwiesen, dass Personen mit negativen Gedanken nie so erfolgreich sein werden wie Personen mit positiven Gedanken.

Was haben Sie gelernt?

Respektieren Sie das Geld und denken Sie positiv!

Notfallgroschen ansparen, trotz laufender Ausgaben

Finanzielle Probleme treten heute immer häufiger auf. Alleinerziehende Elternteile, die durch eine Trennung finanziell schwer geschädigt sind, Schulden die gemacht wurden, um notwendige Dinge anzuschaffen, oder ein Jobverlust – all diese Dinge können dazu führen, dass man in Geldnot gelangt.

Finanzielle Not kann sehr schnell zu Schlaflosigkeit oder Angstzuständen führen. Nicht selten schlittern Menschen in depressionsartige Zustände oder haben Angst- und Panikattacken.

Das alles passiert meistens, wenn man kein richtiges Money Management hat. Deshalb ist es auch so wichtig, dass man seine Finanzen in Ordnung hält und für Notfälle gerüstet ist.

Sollte dann wirklich irgendetwas Unvorhersehbares passieren, wird Sie das nicht sofort aus Ihrer Bahn werfen.

Bewahren Sie einen ruhigen Kopf, sollte es wirklich einmal zum finanziellen Notfall kommen!

Suchen Sie sich Hilfe!

Suchen Sie Hilfe bei Personen, die sich Ihre Lage ansehen und der Sache gewachsen sind. Ein Außenstehender hat oft einen anderen Blick und sieht die Sache nüchterner und kann Ihnen dadurch auch besser Ratschläge geben. Sprechen Sie auf alle Fälle mit einer Person.

Vergessen Sie eines nie, keine Lage ist aussichtslos, auch wenn es Ihnen im Moment so vorkommen mag. Es gibt für alle Probleme eine Lösung, Sie sehen sie vielleicht nur nicht. Deshalb ist es so wichtig, dass Sie sich jemandem anvertrauen. Halten Sie sich von negativen Einflüssen fern. Sie müssen nach vorne schauen und so werden Sie es auch schaffen, aus Ihrer schwierigen Lage wieder raus zu kommen.

Verabscgieden Sie sich von falschen Freunden!

Wenn Sie Ihren Geldhahn etwas zudrehen müssen, werden Sie sehr schnell feststellen, wer Ihre wahren Freunde sind. Sollten Sie weniger Geld zur Verfügung haben und finanziell bei Aktivitäten nicht mehr mithalten können, werden sich die falschen Freunde bald verabschieden. Kein Problem! Wer braucht schon falsche Freunde? Wahre Freundschaften überleben jeden finanziellen Sturm. Halten Sie sich an die Freunde, die Sie auch weiterhin unterstützen.

Setzen Sie Prioritäten!

Es kommt die Zeit, in der Sie sich Ihren Problemen stellen müssen. Setzen Sie die ganze Familie an einen Tisch und besprechen Sie offen das Problem. Es ist nicht hilfreich, Ihren Kindern die heile Welt vorzuspielen, wenn es zur Zeit keine heile Welt gibt. Kinder müssen früh genug lernen, sich finanziell nach der Decke zu strecken. Es ist keine Schande, wenn die ganze Familie jeden Euro zweimal umdrehen muss. Ihre Familie wird stolz sein, wenn Sie es aus dieser Lage heraus geschafft haben, und es kommen ja mittels Ihres Notfallprogrammes wieder besserer Zeiten auf Sie zu.

Bitten Sie um Aufschub!

Sollte es wirklich brennen und Sie sind gezwungen, schnell Geld aufzutreiben, versuchen Sie mit Ihrer Kreditkartenfirma oder mit Ihrer Autoleasingfirma zu verhandeln. Meistens sind Firmen bereit, einen kurzfristigen Zahlungsaufschub zu akzeptieren oder Ihnen für einen gewissen Zeitraum kleinere Raten einzuräumen. Schon haben Sie wieder etwas Extrageld zur Verfügung.

Telefonrechnung in Raten!

Sollte Ihre Telefonrechnung momentan den Rahmen sprengen und sollten Ihre monatlichen Raten derzeit zu hoch sein, setzen Sie sich mit der Telefongesellschaft in Verbindung. Immer wieder werden Ratenzahlungen oder gestaffelte Zahlungen angeboten, die Ihrer finanziellen Lage angepasst werden.

Melden Sie sich bei Ihrer Kirche!

Sollten Sie einer Glaubensgemeinschaft angehören, können Sie auch dort um Hilfe bitten. In jeder Pfarrgemeinde gibt es Notfallpläne oder gemeinnützige Gegenstände, die ausgeliehen werden können. Sie werden dort sicherlich Hilfe bekommen.

Fragen Sie Ihre Familie!

Sollten Sie relativ rasch Geld brauchen, um eine brenzlige Situation unter Kontrolle zu bringen, sprechen Sie mit Ihren Verwandten. Es gibt sicherlich jemanden in Ihrer Familie, der mehr Geld hat. Leihen Sie es sich kurzfristig, das ist sicherlich die einfachste Variante.

Als letzten Rat kommt der Pfandleiher!

Wenn Sie alles versucht haben und trotzdem kein Geld aufgetrieben haben, bleibt Ihnen noch immer der Weg zum Pfandleiher. Sollten Sie wertvolle Dinge besitzen, können Sie diese verpfänden. Sie geben den Schmuck, oder was immer Sie verpfänden wollen, als Anleihe und erhalten Geld dafür. Sollten Sie das Geld wieder einnehmen, können Sie das Pfandstück auslösen. Im schlimmsten Fall müssen Sie Ihr Stück verkaufen.

Einige Tipps für ein leichteres Leben

Wollen Sie in Zukunft solchen stressigen Zeiten aus dem Weg gehen? Dann müssen Sie einige Dinge beachten.

1. Gewöhnen Sie sich logisches, geldsparendes Denken an.
2. Behalten Sie immer im Hinterkopf, ein Sparer zu sein.
3. Ein einfaches Leben ermöglicht viele Einsparungen.
4. Erinnern Sie sich immer, dass es auch mit weniger geht.
5. Gewöhnen Sie Ihre gesamte Familie an diese neue Situation.
6. Überlegen Sie sich, wie Ihr Notfallplan ausschauen wird.
7. Behalten Sie auch weiter die Geldeinsparmethoden bei.
8. Lassen Sie nie mehr Ihre finanzielle Lage entgleiten.
9. Behalten Sie Ihr Konto ab heute immer im Auge.
10. Geben Sie nie mehr Geld aus, als Sie einnehmen.

Verabschieden Sie sich von spontanen Käufen

1. Sollten Sie etwas haben wollen, lassen Sie es weglegen oder schlafen Sie mindestens eine Nacht darüber. Es kann sein, dass Sie zu dem Entschluss kommen, dass Sie den Gegenstand gar nicht so dringend benötigen. Sehen Sie sich bei Kleidern Ihren Kleiderschrank durch, ob Sie nicht ein ähnliches Stück schon besitzen.

2. Suchen Sie sich ein anderes Hobby. Nicht nur einkaufen macht Spaß, es gibt so viele nette Dinge, die man unternehmen kann. Machen Sie etwas für Ihre Gesundheit, machen Sie Ausflüge mit der ganzen Familie oder besuchen Sie Freunde oder Familienmitglieder.

3. Machen Sie sich Ihr eigenes Freizeit- und Sozialprogramm. Zu Beginn müssen Sie vielleicht etwas umdenken, aber schon bald wird es Ihnen nicht mehr schwerfallen, nicht immer das teuerste Restaurant oder die teuersten Konzertkarten zu kaufen. Vieles ist nur Gewohnheit und das Essen schmeckt auch in anderen Lokalen ziemlich gut. Die Konzertmusik kann man auch aus den hinteren Reihen gut hören, man muss nicht immer die teuersten Plätze buchen.

4. Gönnen Sie sich Ruhe. Gewöhnen Sie sich an, ab jetzt mehr Zeit mit sich selbst zu verbringen. Entspannen Sie bei guter Musik oder lesen Sie ein gutes Buch. Trinken Sie abends zu Hause ein Glas Wein oder setzen Sie sich in den eigenen Garten und genießen Sie das, was Sie haben. Man braucht oft nicht viel, um glücklich zu sein.

Sparen Sie bei Ihrem Auto

1. Besorgen Sie sich eine Tankkarte. Viele Tankstellen bieten Bonusrabattkarten an, bei jeder Tankfüllung kommt ein Stempel rein und somit bekommen Sie nach einer gewissen Anzahl von Tankfüllungen oder einigen Waschprogrammen Bonuspunkte.

6. Tanken Sie Ihren Wagen nur voll, wenn der Preis gerade günstig ist. Es macht wenig Sinn, bei Tageshöchstpreisen voll zu tanken, wenn eine Stunde später die Preise sinken. Beobachten Sie genau, wie es sich mit den Preisanhebungen an der Tankstelle Ihrer Wahl verhält.

7. Zahlen Sie nur mit Kreditkarte, wenn die Kreditkarte Bonuspunkte anbietet. In vielen Fällen bieten die Kreditfirmen Rabatte an, sollten Sie bei ganz bestimmten Firmen mit der Karte zahlen.

8. Suchen Sie immer das Internet nach Angeboten ab. Es gibt täglich tolle Aktionen, auch in Ihrer Nähe, mit denen Sie viel Geld sparen können.

9. Benutzen Sie die Klimaanlage in Ihrem Auto nur, wenn es wirklich heiß ist. Sie muss nicht immer automatisch eingeschaltet sein. Der Körper wird immer sensibler und will schon bald nur noch gekühlte Luft haben.

10. Benutzen Sie keine Markenprodukte, egal ob bei Motoröl oder sonstigen Dingen, die Sie für Ihr Auto benötigen. No-Name-Produkte schneiden im Test oft nicht schlechter ab als teure Markenprodukte.

11. Lassen Sie Ihr Auto stehen, wann immer es möglich ist. Kurze Strecken in Ihrer Nähe müssen Sie nicht mit dem Auto

zurücklegen. Steigen Sie öfters aufs Fahrrad, es tut Ihnen gut und der Brieftasche auch.

12. Messen Sie den Reifendruck öfters, zu wenig Luft in den Autoreifen verbraucht mehr Benzin oder Diesel.

13. Fahren Sie eine konstante Geschwindigkeit. Ständiges Absenken und Erhöhen der Geschwindigkeit verbraucht mehr Kraftstoff als konstantes Fahren.

14. Führen Sie nicht Ihren Keller im Auto mit. Dinge, die nichts im Fahrzeug zu suchen haben, sollten sofort entfernt werden. Alles, was das Auto schwerer macht, kostet wieder Kraftstoff.

15. Lassen Sie niemals Ihr Auto länger im Stand eingeschaltet. Nicht nur dass es umwelttechnisch ein Verbrechen ist, es frisst Ihnen auch Ihren Kraftstoff weg.

Einfache Möglichkeiten, Ihr Geld zu managen

Es ist nicht immer einfach, seine Finanzen in Ordnung zu bringen, aber es zahlt sich langfristig aus. Nutzen Sie die Ratschläge und Tipps, die ich Ihnen vorgeschlagen habe, und Sie sind bereits auf dem richtigen Weg. Es wird sicherlich einige Zeit dauern, bis es funktioniert, aber es wird funktionieren.

Sparen ist sicherlich nicht die einfachste Sache der Welt, aber Sie werden es schaffen und früher oder später werden Sie wieder Geld zum Ausgeben besitzen. Erlauben Sie sich kleine Vergnügen einmal im Monat kaufen Sie sich eine Kleinigkeit, die Ihnen Freude bereitet. Dadurch können Sie sich etwas aufheitern und es wird Ihnen wieder einige Tage oder Wochen leichter fallen, jeden Euro zweimal umzudrehen.

Geben Sie kleine Münzen oder kleine Scheine in eine Extraschachtel. Wenn Sie kleine Summen ausgeben müssen, können Sie diese mit dem Kleingeld bezahlen, so müssen Sie nicht die großen Scheine ausgeben und überlegen es sich, wenn Sie etwas kaufen wollen.

Für Personen, die lieber mit Bargeld zahlen, gibt es eine weitere Möglichkeit, ihre Finanzen in den Griff zu bekommen. Berechnen Sie genau, was Sie zum Leben jede Woche benötigen. Heben Sie diese Summe vom Konto ab und geben Sie auch nur diesen Betrag an Geld aus. So haben Sie die genaue Kontrolle, wie viel Sie jede Woche für Lebensmittel und dergleichen ausgeben.

Für Personen, die lieber online tätig sind, gibt es die Möglichkeit, alles über das Bankkonto abzuwickeln und zu bezahlen. Wir haben es schon einmal erwähnt: Überweisen Sie Ihr Geld mittels Onlinebanking! Es ist die einfachste, kostengünstigste und schnellste Möglichkeit, Ihr Geld zu überweisen. So haben Sie jederzeit die Möglichkeit, auf einen Blick Ihre Ausgaben exakt zu kontrollieren.

Wenn Sie schon mit der Kreditkarte zahlen, suchen Sie sich die beste Karte aus, die Ihnen und Ihren Problemen am ehesten entgegenkommt. Es zahlt sich nur aus, wenn Sie wirklich davon profitieren oder sogar Zusatzrabatte bekommen, andernfalls lassen Sie es lieber gleich.

Bezahlen Sie nicht für Dinge, die Sie selbst erledigen können. Ganz egal, was es ist, versuchen Sie immer, es vorher selbst hin zu bekommen, bevor Sie jemand anderen darum bitten. Oder bieten Sie ein Tauschgeschäft an, sicherlich wird Ihr Nachbar auch einmal etwas brauchen, so können Sie sich gegenseitig aushelfen.

Kaufen oder besorgen Sie sich immer etwas weniger, als Sie glauben zu brauchen. Oft kaufen wir zu viel ein. Ganz egal, ob es sich um Lebensmittel handelt oder um andere Dinge. Meistens kommen wir mit viel weniger aus. Versuchen Sie es, auch so lässt es sich sparen.

Seien Sie kreativ! Schalten Sie Ihr Hirn ein. Bevor Sie etwas gleich neu besorgen, überlegen Sie sich genau, ob es nicht eine andere Lösung gibt. Manchmal kommt man auf die verrücktesten Ideen, wenn man nur ein wenig nachdenkt.

Weihnachts- und Urlaubsgeld

Wie gehen Sie mit zusätzlichem Geld um, das Sie bekommen? Dazu zählen Summen von Bonuszahlungen oder größere Mengen von Trinkgeld, Weihnachts- und Urlaubsgeld.

Überlegen Sie sich erst einmal, welche größeren Ausgaben in den nächsten Monaten anfallen. Seien es ein Sommerurlaub oder vielleicht die Weihnachtsgeschenke, alles, was das monatliche Budget überfordert. Diese Summen können Sie für diese Ausgaben gerne einplanen. Sollten Sie das Geld nicht benötigen, wandert es jedoch sofort in den Spartopf.

Versuchen Sie, mit der etwas größeren Einnahmesumme Ihre derzeitigen akuten Außenstände zu zahlen. Das heißt, sollte Ihre Kreditkarte diesen Monat überzogen sein, wird dies sofort mit dem extra Geld bezahlt. Das verschafft Ihnen etwas Luft und eine nicht belastete Kreditkarte. Auch andere Außenstände sollten gleich beglichen werden. Erst danach planen Sie einige Tage Urlaub oder schaffen sich etwas an.

Sollten Sie Schulden bei verschiedenen Personen oder Institutionen haben, legen Sie am besten alle Schulden zusammen und bezahlen Sie eine einzige Summe ab. So wissen Sie exakt, wie hoch Ihr Schuldenberg momentan ist und Sie können jeden extra Euro dafür verwenden. Was aber wichtig ist, Sie sollten Ihre Schulden schnellstens abbezahlen. Verzichten Sie heuer lieber auf teure Geschenke oder viel zu teure Luxusurlaube, zahlen Sie lieber Ihre Außenstände zurück. Sie können nämlich nie wissen, wie sich Ihr Leben verhält. Das Wichtigste momentan ist, etwas Geld anzusparen, das funktioniert aber nur, wenn Sie keine anderweitigen Schulden haben.

Sollten Sie all diese Dinge berücksichtigt haben, steht einem Kurzurlaub nichts mehr im Wege. Wollen Sie aber noch schneller an Ihr Ziel gelangen, verzichten Sie auf den Urlaub und überweisen Sie das Geld auf Ihr Sparkonto.

Verwenden Sie Ihr Zusatzgeld für notwendige Reparaturen. Vielleicht brauchen Ihr Haus, Ihr Auto oder Ihre Wohnung dringend eine Reparatur. Nehmen Sie dieses Geld dafür, bevor Sie wieder nächsten Monat nicht klarkommen und Ihr Konto schon wieder überziehen müssen.

Einsparungen bei der Stromrechnung

Zu Beginn sollten Sie sich Ihre Stromausgaben genauestens anschauen. Vergleichen Sie im Internet die Stromanbieter. Sollten Sie das in den letzten Jahren nicht gemacht haben, wird es höchste Zeit. Es hat sich nämlich enorm viel getan auf diesem Gebiet. Auch hier können Sie enorm viel einsparen.

Ausschalten und Ausstecken aller Geräte haben wir schon erwähnt, ebenso, dass die Heizung nicht immer auf höchster Stufe laufen sollte.

Besorgen Sie sich Thermostate. Das sind kleine Regler, die an die Heizkörper angeschraubt werden und Ihnen so die Möglichkeit bieten, eine exakte Temperatur einzustellen. In diesem Fall wird die Heizung immer nur ab einer gewissen Raumtemperatur zum Einsatz kommen und Sie vermeiden überheizte Räume.

Schalten Sie immer Ihre Lichter aus. Zumindest dann, wenn sie nicht wirklich nötig sind. Nach einem Jahr werden Sie den positiven Effekt bei Ihrer Rechnung spüren.

Wie ebenfalls schon erwähnt, lassen Sie die Geräte nicht im Stand-by-Modus laufen! Das ist wirklich ein ständiger Stromfresser.

Lassen Sie nicht unbedingt halbleere Waschmaschinen oder halbvolle Geschirrspüler laufen. Das kostet genauso viel Strom wie eine volle Maschine. Es sind immer nur winzige Summen, von denen wir in diesen Fällen sprechen. Wenn Sie aber über ein ganzes Jahr diese winzigen Summen zusammenzählen, werden Sie den Unterschied feststellen.

Wie komme ich zu mehr Gratisgeld?

Sollten Sie genug davon haben, jeden Euro doppelt umzudrehen, lesen Sie weiter. Hier werden Sie einige Tipps bekommen, wo Geld zu holen ist, das Ihnen praktisch schon gehört.

Also warum holen wir uns nicht dieses Geld?

Überprüfen Sie Ihre Bankgebühren. Im heutigen Zeitalter des Internets sind Onlinebanken der große Hit. Es gibt einige Anbieter (z. B. Easybank), die absolut keine Gebühren berechnen. Das heißt, Sie zahlen das ganze Jahr keinen einzigen Cent für Ihre Kontoführung und bekommen sogar noch eine Gratiskreditkarte dazu. Klingt das nicht toll? Sie können ganz einfach und ohne großen Aufwand Ihr Konto zu einer anderen Bank transferieren. Meistens erledigt das die neue Bank für Sie. Überlegen Sie einmal, wie viel Geld Sie in einem Jahr schon sparen, für die gleiche Leistung.

Vielleicht haben Sie ein Hobby, das Sie zu Geld machen können. Möglicherweise haben Sie bestimmte Talente, die Sie schon ganz vergessen haben. Andere Leute wären froh, wenn Sie vielleicht irgendetwas für sie erledigen könnten. Überlegen Sie genau, da könnte eine ganze Menge Extrageld hinzukommen.

Wenn Sie noch Sparbücher besitzen, legen Sie alle zusammen. Man hat so einen besseren Überblick und vielleicht finden Sie auch noch alte Sparbücher von Ihren Kindern, die Sie schon lange vergessen haben.

Fragen Sie immer nach einem Rabatt. In den meisten Geschäften lässt es sich verhandeln. Kaufen Sie dort ein, wo Sie einen Rabatt oder irgendeinen Preisnachlass bekommen. Das wird sich schon nach einem Monat bezahlt machen.

Suchen Sie nach Geschäftsmodellen im Internet. Es gibt so viele Möglichkeiten, wie Sie im Internet Ihr Taschengeld aufbessern können. Sollten Sie der geborene Verkäufer sein, suchen Sie sich ein Produkt, welches Sie interessiert, und versuchen Sie, es nebenbei zu verkaufen. Tupperware oder andere Produkte gibt es hundertfach im Internet. Veranstalten Sie kleine Homepartys und laden Sie für den Anfang Freunde oder Familie ein. Dann können Sie testen, ob es Ihnen liegt, in dieses Geschäft einzusteigen. Hier ist wirklich viel Geld zu holen. Es gibt wirklich interessante Produkte, sei es in der Kosmetik- oder in der Geschirrindustrie. Für Männer lässt sich sicherlich auch ein Produkt finden, welches sich verkaufen lässt. Nutzen Sie Ihre übrige Zeit, um Geld zu verdienen.

Es gibt viele Firmen, die Geld bezahlen für Umfragen. Das heißt, Sie selbst füllen Umfragen aus oder Sie lassen Umfragen von anderen Personen ausfüllen. Zwar verdienen Sie nicht allzu viel für eine Umfrage, aber rechnen Sie sich aus, was in einem Monat so zusammenkommt, wenn Sie fleißig sind. Portale wie webumfrage.com oder umfragen.at bieten Ihnen genau diese Chance. Machen Sie sich im Internet schlau, Sie werden viele Angebote in diesem Sektor finden.

Es gibt zahlreiche Firmen im Internet, welche für Clicks bezahlen. Einige Unternehmen (z. B. Zeit.de) zahlen für Arbeiten, welche Sie sogar mit dem Smartphone von unterwegs aus erledigen können.

Sollten Sie eine Sprache besonders gut beherrschen, versuchen Sie es mit dem Übersetzen. Wenn Sie sich im Internet schlau machen, werden Sie feststellen, wie viele Personen übersetzte Texte brauchen. Eine seltene Sprache ist natürlich eher gefragt.

Sollten Sie gerne lesen oder schreiben, bieten Sie diese Dienste an. Korrekturleser werden häufig gebraucht. Beherrschen Sie die deutsche Sprache und korrigieren Sie gerne Texte, können Sie damit Geld verdienen. Im heutigen Zeitalter des E-Books suchen viele Selbstpublisher einen Korrekturleser. Diese sind zu einem günstigen Preis kaum zu finden. Schon hätten Sie eine Marktlücke gefunden, mit der Sie gut verdienen können.

Sollten Sie sogar Lust am Schreiben haben, ist es heutzutage besonders einfach, seine eigenen Werke zu veröffentlichen und zu verkaufen. Bei Amazon gibt es so viele Informationen, wie man seine Bücher selbst veröffentlicht. Legen Sie los und lassen Sie sich überraschen! Das Geld liegt auf der Straße, Sie müssen es nur aufheben.

Sie dürfen niemals vergessen, es zahlt sich immer aus, ganz egal, wie klein die Summe ist, die Sie für irgendeine Arbeit bekommen. Sie haben ja Zeit, im Laufe eines Jahres wird einiges an Geld zusammenkommen.

Wenn Sie gerne fotografieren und hunderte Fotos zu Hause haben, verkaufen Sie sie. Auf Fotolia.com bieten viele Personen Ihre Schnappschüsse an und mit etwas Glück braucht der Autor von nebenan genau Ihr Foto. Ruckzuck, und schon wieder wandert Geld in Ihre Tasche! Sie können sich auch als Hochzeits- oder Partyfotograf versuchen. Viele Menschen suchen einen günstigen Fotografen, der ihr unvergessliches Fest festhält.

Mögen Sie Gewinnspiele? Ja, wer mag die nicht? Haben Sie sich schon einmal überlegt, wie viel Geld bei den Gewinnspielen drin steckt? Füllen Sie online jedes Gewinnspiel aus, welches Ihnen begegnet. Wenn Sie wirklich konsequent an solchen Gewinnspielen teilnehmen, sind die Gewinnchancen enorm hoch. Ich gebe Ihnen hierzu jedoch einen guten Rat: Legen Sie sich eine extra E-Mail-Adresse zu. Vergessen Sie niemals, Sie müssen immer Ihre E-Mail-Adresse angeben. Sollten Sie Ihre private Adresse angeben, werden Sie bald mit Werbung und dergleichen überschüttet. Legen Sie sich eine extra Adresse an und los geht's. Ich verspreche Ihnen, Sie werden erstaunt sein, wie viele Dinge Sie gewinnen werden. Meine Tochter konnte sich vor Paketlieferungen gar nicht mehr retten. Es ist natürlich auch Arbeit, aber Arbeit, die Spaß macht und gute

Gewinnchancen hat. Die meisten Menschen denken von Haus aus, dass die Gewinnchancen schlecht stehen. Das ist ein gewaltiger Irrtum! Probieren Sie es aus. Sie werden überrascht sein.

Basteln Sie sich gerne eine eigene Homepage, dann können Sie auch damit Geld verdienen. Mit Affiliate Links können Sie Werbung für fremde Produkte machen. Erkundigen Sie sich im Netz, es gibt zahlreiche Angebote, die sich durchaus lohnen.

Das waren jetzt nur einige Beispiele, wie Sie ganz schnell Zusatzgeld verdienen können. Wenn Sie sich die Zeit nehmen, das Internet durchzuforsten, werden Sie erstaunt sein, wie viele Möglichkeiten sich Ihnen auftun. Ich kann jetzt nicht für jeden ein konkretes Beispiel oder den perfekten Plan ausarbeiten, weil ich Sie ja nicht kenne. Jeder Mensch hat verschiedene Talente und somit andere Ideen. Sie müssen sich einfach die Arbeit machen und sich hinsetzen und genau überlegen, was Sie alles können. Danach setzen Sie sich an den Computer und suchen sich die richtige Beschäftigung für sich heraus.

Sie werden es schaffen, so wie es schon viele vor Ihnen geschafft haben. Das Gute an der Sache ist, Ihr Plan wird einzigartig sein. Weil es kein Plan für viele, sondern Ihr ganz persönlicher Plan sein wird.

Ich wünsche Ihnen alles Gute bei Ihrem Vorhaben, Ihre Finanzen in den Griff zu bekommen. Sie werden es schaffen und wenn Sie einige Ratschläge annehmen und umsetzen, wird es nicht lange dauern und Ihr Bankkonto hat sich erholt.

Viel Glück!

Für Fragen und Anregungen stehe ich Ihnen gerne zur Verfügung:

Kristindemar@gmx.at

Lizenznachweis:

Coverfotoquelle: Fotolia.com

Haftungsrecht

Die Benutzung dieses Buches und die Umsetzung der darin enthaltenen Informationen erfolgt ausdrücklich auf eigenes Risiko. Der Verlag und der Autor können für etwaige Unfälle und Schäden jeder Art, die sich beim Nachmachen der in diesem Buch aufgeführten Tätigkeiten ergeben, aus keinem Rechtsgrund eine Haftung übernehmen.

Haftungsansprüche gegen den Verlag und den Autor für Schäden materieller und ideeller Art, die durch die Nutzung fehlerhafter und/oder unvollständiger Information verursacht wurden, sind grundsätzlich ausgeschlossen.

Druckfehler und Falschinformationen können nicht vollständig ausgeschlossen werden. Der Verlag und auch der Autor übernehmen keine Haftung für die Aktualität, Richtigkeit und Vollständigkeit der Inhalte des Buches, ebenso nicht für Schreib- oder Druckfehler.

Es kann keine juristische Verantwortung sowie Haftung in irgendeiner Form für fehlerhafte Angaben und daraus entstandene Folgen vom Verlag oder vom Autor übernommen werden.

Für die Inhalte der in dem Buch genannten Internetseiten sind ausschließlich die Betreiber der jeweiligen Internetseiten verantwortlich. Der Verlag und der Autor haben keinen Einfluss auf die Gestaltung und Inhalte fremder Seiten.

Verlag und Autor distanzieren sich daher von allen fremden Inhalten. Zum Zeitpunkt der Verwendung waren keinerlei illegale Inhalte auf den Webseiten vorhanden.